Er Dy Fod

Cerddi gan Menna Elfyn
i ddathlu dysgu iaith

Gomer

Cyhoeddwyd yn 2007 gan
Wasg Gomer, Llandysul, Ceredigion SA44 4JL

ISBN 978 1 84323 810 2

Dymuna'r cyhoeddwyr gydnabod cymorth
Cyngor Llyfrau Cymru.

Argraffwyd a rhwymwyd yng Nghymru gan
Wasg Gomer, Llandysul, Ceredigion

I Sally
(Tŷ Newydd)

Am iddi godi pont rhwng iaith a llên.

CYNNWYS

RHAGAIR

Er bod dysgwyr a'u profiadau yn thema amlwg yn y gyfrol hon, nid cyfrol i ddysgwyr yn unig yw hi i fod. Efallai mai ymgolli ym mrwdfrydedd dysgwyr oedd ei man cychwyn wrth sylweddoli un diwrnod fod y rhan fwyaf o'm ffrindiau yn ddysgwyr, a rhai o'r rheiny hefyd yn awduron adnabyddus, chwilfrydig. Yn aml iawn, byddai un neu ddau yn fy e-bostio gydag ymholiad am hyn ac arall, ynglŷn â'r iaith. A chawn fy hun mewn e-bost yn rhoi ambell sylw neu ddywediad i'w hannog ymlaen – hynny, ac ateb nifer o gwestiynau ieithyddol a fyddai'n eu poeni o dro i dro.

Dyna sylweddoli mai dysgwr yw bardd – yn trafod iaith, yn anesmwytho gyda hi ac yn cweryla â hi yn aml iawn, a theimlo'n gyson nad yw'r geiriau a ddewisir yn ateb galwad y galon. I'r graddau hynny, mae elfen bardd ym mhob un ohonom!

Gyrru i Gaerfyrddin yr oeddwn i un prynhawn gan wrando ar y radio, a dyma'r darlledwr yn sôn am ei awydd i ddysgu'r Gymraeg. Dywedodd ei fod yn deall rhai geiriau Cymraeg, fel 'drysau'n cau', am y clywai hwy yn lifft y BBC bob dydd. A dyna'r dychymyg yn dechrau crwydro i bob cyfeiriad – mae 'na lawer o ystyron i 'gau drysau'! Meddyliais am y dysgwr yn ymgodymu â'r her ieithyddol, ac am y 'parch a'r bri' a haeddai am ei ymdrech. Pa deitl gwell i'r gyfrol, felly, na 'Er Dy Fod'? (Gweler y nodyn o esboniad ar dudalen 76.)

Mae'r cerddi'n amrywiol o ran ystod, testun a iaith – yn her, ond hefyd yn bleser, gobeithio, i bawb sy'n ymddiddori ac yn ymhyfrydu mewn trin geiriau.

CODI PONTYDD

Ac i bob pont
Mae pont arall,
Un na wnaed
O farmor
Na phren,
Un na wnaed
O faen
Na dur,
Na llwch llosgfynydd.

Pont sy'n gwegian yw hi,
Wrth ichi gerdded drosti;
Pont grog weithiau,
Pont droi, bryd arall,
Pont gychod, yn ei thro,
Pont ysgraffau
Uwch y tonnau.

A phont lle bydd rhai
Yn cwrdd yn ei chanol,
Uwchben ei bwa,
Gan syllu ar y dŵr
Sy'n llifo fel y mynno;
Priodas sy yno
Rhwng dyfod a myned.
Ac wrth i'r bont ledu
Bydd addo, bydd addunedu;
A daw conffeti o ddiferion
I'r wyneb, a'ch anwesu.

Codi pontydd
A wna'r dysgwyr;
Creu paradwys ar bwys
Parêd llif amser.

Peidied neb â dweud
'Dysgwch y Gymraeg
Er mwyn croesi'r bont'.

Na, dysgwch y Gymraeg
I'w chodi.
Dyna ystyr oesol
'Codi'r hen iaith yn ei hôl',

Ar bont newydd –
Pont eich dychymyg.

WYTH DEG

*'It takes one word eighty times on the tongue
before it feels natural.'*

Dysgwr dwys

Wyth deg tro
Y cymer hi
I air adael
Y tafod
A'i droi'n aer,
Neu'n 'aur'.
'Hedfan gyda hyder,'
Medde fe,
Dysgwr a fu'n
Disgyn
A damsang,
Gair fesul gair,
Fel y nawfed don.
Yr wyth degfed don
Yw'r un lle bydd
Gwylan
Yn glanio
Arni,
Yn ffri,
Nes i'r ewyn ei hollti.

Felly
Y dylai hi
Fod i air
Droi'n adnod

O adnabod,
Neu yn ddwylo
Mewn blawd
Sy'n gweithio
Bara beunyddiol
Yn wledd i'r tlawd.

Wyth deg tro
Cyn eich troi
Yn rhugl;

I dreiglo
Ynoch,
Fel y medrwch
Weld y byd a'r betws
Mewn balŵn gynnes.

Saith deg naw o ddyddiau,
I ddweud y gwir,
Achos ar yr wyth degfed dydd,
Bydd y wawr
Yn eich llonni,

Ac yn lle crynu,
Wedi oed yr addewid,
Byddwch yn llamu,
A'r gair yn canu, canu.

DRYSAU

i. DRYSAU'N CAU

'I know two Welsh words because when I go up and down in the lift in the BBC, I hear the words 'Drysau'n cau'. I'm going to learn Welsh now this September.'

Newyddiadurwr *Radio Wales*

Drysau
Yn cau.

Oes dau air
Mwy o bwys

Na gwybod pryd
Y bydd

Y gell ddur
Yn agor?

Wrth esgyn
A disgyn

Daw'r mantra
Fel deddf disgyrchiant.

Dysgwch ddweud hynny
Ac rydych chi'n siŵr o . . .

Ond beth am
Y lleisiau
Sy yno, gyda'r llu;
Y teulu bach

15

Sy'n rhannu
Tŷ bach twt?

Hei, pe bai'r drws
Yn gwrthod agor

Rhyw ddydd
A'ch gadael yn rhydd

Neu'n gaeth
I ddysgu'r iaith,

Erbyn y dôi
Rhywun i roi iddo dro sigl
Wir i chi, fe allech fod yn rhugl!

ii. CAU DRYSAU

Cau drysau
Fu hanes Cymru;
Cau rheilffyrdd,
Cau drysau tai
Yn Epynt,
Tryweryn,
Elan;
Cau'r pyllau glo
Yn eu tro,
Cau rhai yn eu tai –
Cau cymunedau.

Ac mewn chwedlau,
Anghofiodd Seithennyn
Gau drysau –
Cantre'r Gwaelod o dan y don;
Yn 'Adar Rhiannon',
O, am amser da
Nes i'r drysau agor.

Yn yr Eisteddfod
Pan yw'r ddcfod
Hynod
Ar ddigwydd,
 Daw llais mawr cry' –
A'i gri –

Ni fydd y drysau'n agor:
Rhaid i bawb fod yn eu seddau erbyn . . .
. . . nid agorir y drysau wedyn hyd nes . . .

Mae Cymry'n hoffi cau drysau
Ar Gymry eraill.

Ond rwy am eu hagor, a hynny led y pen,
a iaith y gogoniant a ddaw i mewn.

CHUTZPA*

' I want to be outrageous, in Welsh'

– sylw ffrind

Mae eisie bod yn hy',
Medde hi.
Yn lle
'Dwi'n hoffi coffi,'
Beth am
'Dwi'n hoffi wisgi
Gyda tecila,   [sori, 'thecila']
A'i yfed ym Manila.'

Mae eisie bod yn hy',
Medde fe.
Yn lle
'Dwi'n hoffi gyrru,'
Beth am
'Dwi'n hoffi hedfan
Mewn hofrennydd,
Yna, neidio allan
Gyda fy adenydd.'

Mae eisie bod yn hy',
Medden nhw.
Yn lle
'Ry'n ni'n hoffi dysgu,'
Beth am
'Ry'n ni'n caru
Wisgi,
Mewn hofrennydd.'

Ond,
Medden ni,
'Yn lle neidio allan
A pheidio â chyrraedd y lan,
Ry'n ni'n saff yn yr Wlpan!'

* *Chutzpa. Gair Yideg am 'hyder', 'bod yn hy' a haerllug'.*

IE A NAGE

'How many ways do you need to say 'yes' and 'no' in Welsh?'

Dysgwr yn Noc Penfro

Sawl ffordd sy yna o ddweud *'yes'* a *'no'*
Yn Gymraeg?

Wel mae yna
Ydw a Nac ydw,
 Ie a Nage,

Neu yn achos fy mab, yn fychan,
Mae yna 'Iege'!

Mae yna Oes a Nac oes,
Oedd a Nac oedd;
Bydd, Na fydd;
Do a Naddo;
Gallwn, Na allwn.

Ond beth am drio
Torri ambell gornel
Trwy ddweud yn blaen,

'Weithiau' ac 'Efallai'?

TYDDYN

Pan symudodd y bardd Gillian Clarke i Flaen-cwrt ugain mlynedd yn ôl, roedd hi'n dweud wrth bawb ei bod yn mynd i fyw yn TŶ DYN, yn lle byw mewn tyddyn.

'Dwi'n byw mewn 'tŷ dyn','
Meddai.
'Oes dyn yna?'
Oedd y cwestiwn sydyn.
'Na, dim ond fi
A'r gath a'r ci,'
Medde hi.

'Ond beth am y dyn –
Y dyn r'ych chi'n byw yn ei dŷ?'

'Does neb yno, ond y fi
A'r gath a'r ci,' medde hi.
'A na, does yna ddim dyn ym Mlaen-cwrt.
Am wn i,
Ni fu dyn yn byw yno erioed –
Dim ond fy modryb dwt a aeth i oed . . .'

'Pam felly ei alw yn 'tŷ dyn'?'
Oedd y cwestiwn cyson,
Drachefn a thrachefn,
Byrdwn ar ôl byrdwn.

Wedi'r cyfan,
Os ydy tŷ yn perthyn i ddyn
Onid yw'r gegin yn perthyn i ddynes!

Onid yw'r waliau'n perthyn i'r cerrig?
Onid yw'r seiliau'n perthyn i'r ddaear?
Onid yw'r to yn perthyn i'r llechi,
Ac onid yw'r tŷ yn perthyn i'r tir,
Ac nid i 'ddyn',
Onid dyna'r gwir?

'Na, na, na!
Na, dwi ddim yn byw mewn 'tŷ dyn','
Meddai hi wedyn –

Wrth ddeall yn sydyn.

'Dwi'n byw mewn *tyddyn!*'
A dyna wers a wnaeth bara am sawl blwyddyn.

OERGELL

*'Ro'n i wastad yn dweud 'oergell' yn lle 'llyfrgell' a wastad yn
dweud fy mod yn mynd i roi'r llyfrau yn yr oergell. 'Sdim
rhyfedd i bobl ar y stryd edrych yn od arna i.'*

Dysgwr

Llyfrau yn yr oergell?
Wel pam lai!
Mae ambell lyfr
Mor boeth, a'i fai

Yw ei fod yn llosgi
Rhwng dau glawr
A chwithau'n chwysu
Wrth ei roi i lawr.

Mae'r ddalen yn poethi
Gyda cherddi da;
Mae storïau nwyfus
Yn benboeth ha'.

Ac felly, efallai
Mai oergell yw'r lle
I roi ambell lyfr –
Ciwbiau iâ drosto, i de.

LLWYBR CYHOEDDUS

'Ar y dechrau pan rydych chi'n dysgu,
mae'r geiriau i gyd yn anghywir.'

Simon Thirsk

'Ar y dechrau,
Wrth ddysgu,
Does dim ystyr iddi,'
Meddai.
'Dim ond sŵn yw hi.'
A gall sŵn a sain
Droi ein geiriau yn sigl-di-gwt.

Fel y dydd hwnnw
Pan ofynnodd rhywun
'Beth yw eich gwaith?'
Atebes i,
'Gwneud llwybr cyhoeddus!'

Wedi'r chwerthin
Des i weld mai cyhoeddwr,
Yn gwneud llyfrau, yw 'ngwaith i.

Ond, i'r bardd,
Mae ystyr a stori cyn y sŵn,
A'r ateb a roddodd
Yn rhoi delwedd
O'r Gymraeg –

Yn iaith rhoi un ar ben ffordd:
Un sy'n gweithio llwybr cyhoeddus
I bawb a'i myn.

Ac fel hyn,
Mae'r cam a wnaeth
Yn troi, i mi,
Yn berffaith waith.

WCHW

'In Ancient Greece grief was expressed by extraordinary noises
such as 'Otototototototoi' . . . The Welsh exclamation
meaning 'Murder' is 'Wchw'!'

Guy N. Pocock allan o
Grammar in a New Setting, 1928

Mor ffodus ydym
O gael dysgu geiriau newydd
Mewn hen lyfrau Saesneg.
Dyna i chi 'Wchw'
Am ladd.
'Wchw',
Medden nhw,
Yw'r gair hwnnw,
Ac enw,
Sy'n ein gwneud yn welw.

Ond rwy'n lled gredu
Mai dyma'r ddameg –
I Sais glywed sgwrs,
Gair yn ei bryd
Ar hyd y stryd,
Ac i un ddweud wrth y llall
'Wir i chi, w.' 'Wir i chi, w.'
Ac iddo droi wedyn,
Yn sylw
O wir sylwedd – yn 'Wchw'!

CAERDYDD AMLIEITHOG

Dyma ddinas y cariad a'r *karaoke*,
Tir melys *babushka* a *banjos*,
Barbeciws ar y patios –
Hyd yn oed y pry glas.
Maen nhw'n canu 'Calon Lân';
Dinas cwtsho a *caboodle*,
Cafeterias, canyons o ganu penillon,
chaps a *chaparral*, coffi *klatsch*
Delicatessens! Delis a welis,
Mae *lingua franca* Cymru
Fel enfys ar gefn brithyll mewn afon.

Ac mae *hock* a *mock* a *muck-a-muck*
Mae *fiestas* a *siestas* a sws,
Mae hen ddynion mewn *moccasins*,
A pharasols uwch eu parabl,
Mae merched mewn *stilettos*
A tatŵs heb dabŵ,
Mae rhai'n gweithio saig mewn *wok*,
A'r aer yn llawn *jazz* a *blues* a *schmaltz*;
Mae'r weddw tu ôl i'w *festoons*
A'r plant ar y stryd yn cadw sŵn.

Dyma'r ddinas ar gyfer y draenog
A'r llwynog, y crwban a'r milgi,
Lle yw hwn, i'r lliaws o bob llais;
Caerdydd – i eraill *Cardiff City*.

ENWAU
(o'r pyllau glo)

Twm Fale a Bob Lemwn,
Teddy Mwstard a Dic Amen,
Joe Wir Dduw, a Twm Cyrnal,
Dai *Substantial* a Dai Gŵr Gwen.

Wedyn roedd Twm *One Stroke*,
Dai Wyau a Dai *Double Yoke*,
A Ned Chwarae Teg, bob amser,
A'r rhegwr, Bernie Rhoi Llog.

Yna, roedd Twm Weda i Ddim.
Dim oedd dim. Oedd e, yn *dim*?
Dynamo Dan a Wil Llaw Chwith,
Dic Bol Haearn a Rees Llais Llym.

Wedyn, Joe yr Undeb a Ianto Shw'mae,
Dai Siwgwr Gwyn a Bernie'r Gog,
Eifion y Deisen a Huwcyn Hwyl Nawr,
Twm Coese Wyed, a Dai Deialog.

Un doniol 'fyd oedd John Bwyd Ffowls,
A smart oedd Twm Wasgod Bert;
Roedd Twm Bara Menyn heb 'run gelyn,
A Twm Cwrcyn Carcus ar ôl pob sgert!

Miloedd ar filoedd o enwau dwl,
Neu ddoeth, i bob un ei chwiw;
Pob un yn dangos mor wahanol yw'r byd –
A phawb yn arddangos ei liw.

CERDD *IDIOTAIDD* O IDIOMATAIDD

Rhamant ni ddaw ei hunan,
Nid yn *lwc* di lonc
Y sbonca, ond i'r pant y rhed y *gŵr*
Gan fy ngadael yn rhedeg,
Gwynt yn fy *nghalon*,
Cyn iddi fwrw *defaid ac wyn*.

Gyda fy nhafod yn fy *ngên*,
Fe fethais yngan *brawddeg*
Dim ond gwenu,
O glust-dlws i glust-dlws,
Cyn mynd dros ben *baw ci*
Yn hy', a gwneud fy ngorau *piws*
i ddechrau sgwrs.

Rown i ar ben fy *masged*
Pan drodd ataf, cyn iddo droi
Yn llond ei *frol*.
A gwelais mai prynu *mochyn* mewn cwd
Oedd fy ffawd. Da hynny, yn lle gweld
ceffyl yn mynd trwy'r siop.

Call a *baid, callach* a dwylla;
Gwyn y gwêl y *ferch ryw frân*.

Ond un *frân* ni wna wanwyn.

Na chân di bennill mwyn i ddyn,
Ni chân 'run dyn i tithe.

TEEN, TEEN, TETHER, FETHER, FIP

'These are nearly the same words as those used for counting
sheep by Celtic shepherds before and after the Roman
occupation. They may have been picked up by
Welsh children 2,000 or more years ago.'
                    Lewis Thomas, gwyddonydd o America
                                      ac o dras Cymreig

A bu'r Cymry wrthi'n cyfri',
Un, dau, tri, pedwar, pump,
A chasglu pob cudyn
Rhwng y grug a'r rhostir:
Eu rhifo a'u pwyso;
Gwenau o wlân,
Eu dannedd main yng ngenau'r ffridd.

Canu, cyfri, a chanu
Wrth bannu a nyddu.

Ai fel hyn y digwyddodd iaith?
Gwlân wedi ei lapio fel cusanau
Gan weithio rhywbeth mwy na llinyn?

Blewyn yn y gwynt –
Ei ddal
A'i fodio,
Fel dal gair,
Ei lanhau yn ymadrodd:
Meddalu, caledu,
Yn sgwrs a sain,
Ysgafn a thrwm.

Ac wrth i'r awelon greu sŵn yn y glust,
Cadwynau o gnu
Yn ganeuon o odlau,
Yn iaith a barddoniaeth
I wisgo'r byd yn hardd.

A thrwy'r niwloedd ar fynyddoedd
Fe fu'r bugeiliaid wrthi'n casglu,
Ac yn eu clyw, yn feunyddiol,
Yn lle un, dau, tri –

Fi, fe, hi,
Gan furmur *meme** – *me* – *me-me.*

RHAD AC AM DDIM

Dyw'r Gymraeg
Ddim yn unig yn rhad –
Mae hi hefyd am ddim!
Rhad ac am ddim

Am mai cenedl felly ydym;
Yn pwysleisio ein haelioni
Fel y caiff eraill eu digoni.

Chlywch chi mohona i
Yn chwerthin am ben dysgwyr
Gan fynd dros ben llestri
Wrth geisio eu hefelychu;
Mae yna rai yn gwneud hwyl:
Gyda phethau fel . . .

Na, un o'r Cymry llawen wyf i,
Sy'n cael gwefr o glywed yr iaith,
Waeth beth yw ei bratiaith.
Brat ydi ffedog,
Ac mae eisie ffedog ar bawb
Cyn dechrau'r gwaith
O wneud pryd mewn hen iaith.

Mae'r cynhwysion yno:
Nionyn ac erfin –
'Esmwyth cwsg cawl erfin' –
Yw bwyd y dysgwr.
Bydd yn fodlon llowcio cawl,
Cegaid o sêr â saim ar ei wyneb,

Cyn canfod y cig –
Os nad yw, wrth gwrs, yn llysieuwr!

Na, rwy'n mynnu
Mai *moron* yw'r Cymro
Sy'n sgathru a sglefrio
Ar iaith pobl,
Nes eu gwneud yn rhy ofnus
I gamu heb gloffi.

Chlywch chi mohona i
Yn acen-actio
A chamdreiglo
Er mwyn cael rhai i chwerthin
– y rhai smyg, siŵr-o'u-pethe.

Achos dagrau pethe
Yw bod y Pethe'n wynebu dagre;

Neu diwedd y gân
Fydd y darlun hwn:

Mewn *caff*
Wrth yfed cawl pannas

Bydd rhywun yn dweud, gyda blas,

Y gair *Taff*

Fel ffordd dda

O gael *laff*.

CYMRO O GI

'I get to use a tiny bit of Welsh every day because my dog,
a rescue dog, knows only Welsh. So I find myself chatting to
her about the weather . . .'

Fiona Sampson

Ac fe ddylai pob dysgwr
Feddu ar gi *Cymraeg,*
Fel y gall rannu
Dirgelion drycin a hindda.
Mae creaduriaid yn deall
Cymhlethdodau'r tywydd;
Wedi'r cyfan, y maent
Ar ben eu tennyn
Wrth aros i gael eu tynnu
I baradwys o barciau.

Mewn parc bydd ci yn cyfarth
Ar bob ci dieithr;
Yn trwyno, ôl a blaen,
I weld 'o ba wreiddyn y bo'i ruddin',
A bydd yn swnian –
Rhyw uchel, ddeallus si:
''*Swn i'n dysgu Cymraeg 'swn i'n ti.'*

'Achos wedyn, fe gei faldod;
Bydd dy berchennog yn fwy parod
Ei thafod i'th holi, hyd at dy berfedd,
Am bob rhyw bethau disylwedd.

'Mi rydw i yn gi mor glyfar;
Dwi'n credu y gallwn ateb
Holl gwestiwn
Statws yr iaith a ballu,
Ac rwy wedi gwneud fy marc yn ei golwg,
A'r parc amdani, o fore gwyn tan nos,
Hynny, a chlywed meileidi'n
Rwdlan am y tywydd,
Gan godi'r ddwy glust bob hyn a hyn,
Ac weithiau, edrych yn syn,
Gan roi ambell edrychiad,

Ond heb orfod gwneud
Yr un cyfarthiad.'

DEINTYDD

'. . . She stated, in a pause, that Welsh
was an irrational language . . .'

e-bost oddi wrth awdur
am ymweliad â'r deintydd

Dant am ddant.

'A rhowch eich tafod lawr
Er mwyn i bob dant ddod i'r golwg,'
Meddai'r deintydd.
Dannedd o dan y golau,
Beth ydynt ond cerrig beddau?

Ac meddai'r deintydd,

'Iaith afresymol yw'r Gymraeg,'
Mewn acen Almaenig o Seisnig,
Gan ddrilio ymlaen,
A minnau'n methu
Aaaaaaaaa
Ateb.

A minnau'n meddwl
Mai peth hurt
A dwl
A gwirion
Yw i ddeintydd sy'n llanw dant
Fynd bant ar ei hunion
A chladdu mercwri yn nhwll fy iaith i,

Yn fy mynwent,
A minnau ar slent.

A'r bore hwnnw,
Nid tynnu dant a wnaeth,
Ond tynnu fy nhafod.

Hi, y deintydd rhydd ei geiriau
A wnaeth adael

Fy ngheg led y pen ar agor,
Yn aaaaaaaaaaa i – o
An – an – ang – anghytuno

Gan deimlo fel petawn
Â rhes o ddannedd gosod
Hynod
Idiomatig
O flaen y deintydd
Tiwtonig.

LLEDEN LEFN

'I think these small languages, still, can express something which you can't say in other languages. Besides, they reflect a human point of view which cannot be fully reflected in other national contexts. So maybe it's just my consolation but I can't imagine to be elsewhere . . . or even lose all these pressures – which these nations are. Sometimes I feel we are like deep fish: if we would surface we would just 'bang' which, at times, happens.'

Miroslav Holub

Lleden lefn
Yn yr Ynys Las,

Ar fy nghefn
Rwy'n caru bod

Yn y dyfnder mawr
Heb unrhyw nod

Mwy na'r lli
Yn gwmni.

A daw dowcwyr
Ambell dro,

Sbecian arna i,
Cyn gadael fy mro.

Yn y dyfroedd mawr
Y mae fy nglesni

Yn ffromi a ffroeni
Ac yn ofni codi

I'r byd sy'n fas,
Rhag tonni

O'r dyfnder glas;
Ofni colli fy ngrym –
A throi'n *bwmff* o ddim.

DWY

DAU FARDD A DWY ARDD
(I Gillian)

Dau fardd
A dwy ardd;
Un yn hyll,
Y llall yn hardd.

Un â blodau,
Un â chwyn;
Un â rhosod,
Un â – dim!

Un â'i bysedd
Yn troi pethau'n las;
Un â'i bysedd
Yn troi'r ddaear yn gas.

Un ag arogl
Yn ei gardd bob dydd;
Un yn cau llenni
Rhag gweld yr ardd brudd.

Un yn tyfu tiwlips,
A'r llall, rhyw ddant y llew;
Un â'i chroeso'r gwanwyn,*
A'r llall yn caru rhew.

Blufhadau, dewch o Flaen-cwrt
Dewch draw i blannu ne',
I chwythu gobaith newydd
I'r ffwng sy dros y lle.

Dau fardd
A dwy ardd;
Un yn lân,
A'r llall ar dân

Am ddail sy'n las,
Am ddail â blas,
Gan droi ein cerddi
Mor wyrdd â'n *gerddi*.

MEFUS A *STRAWBERRIES*

Daeth adre o'r ysgol
Gan ddweud –
'Dwi ddim eisie mefus heddi,
Dw i am gael *strawberries!*'
Ac mewn un diwrnod
Fe aeth mefus ar wefus
Yn air heb flas,
Fel mefus heb gochi;
A'r ffrwyth yn Saesneg
Wedi aeddfedu.

Gwir yw y gall
Un gair newid eich byd.

Rhowliodd y gair,
Ei gwefusau magenta
Yn gwledda,

Darganfod geiriau roedd hi, siŵr iawn;
Fel y byddwn i'n blentyn
Yn yr ardd yn chwilio am y wên goch
Tu ôl i glustiau'r dail,
A minlliw ar wyneb y pridd.

*

Melys yw mefusen,
Ai di-iaith yw?

*

Ei bochau'n goch
Wrth imi roi *strawberries*
Mewn gwydr –

A chnawd y plentyn
Fel hufen wedi ei chwipio.

GEIRIANNU

'If a poet says 'dark', 'wide', 'boat' or 'stone', it is because these words name his vision of the world, his connection to things. The words were not chosen aesthetically for their beauty, but for their reality, their necessity, their poetic power to create an alliance.'

– Sophia de Mello Breyner yn
Art of Poetry, 11.

Bod yn fardd
Yw bod yn ddysgwr;
Ffoli ar eiriau,
Baglu dros lythrennau,
Meini blith draphlith
Mewn cae, ymysg y gwenith.

'Awyr', 'aer', 'golau',
'Meini', 'adnabod', 'cenedl',
Yr un gwirioni,
Mwydro a drysu,
A dotio, dotio yn lân.

Dysgwr yw un â'i lygaid yn ei ben!

Yn geiriannu,
Seibiannu,
Cyn eu rhannu
I'r 'awyr',
Aer o'r 'sgyfaint,
Yn chwilio'r golau,
rhwng y meini,
Nes dod i adnabod y geiriau:

Cenedl, dadl, anadl.

46

HEDD

I Stevie, wrth inni rannu geiriau â'n gilydd ar e-bost.

Hedd
Yw fy hoff air;
Hedd yn yr hwyr,
Hedd yn y bore,
Pan yw'r byd ar ei ore;
Hedd yn y prynhawn,
Hedd sy'n llawn
Siarad a gwrando,
Canu a dawnsio –
Ac yna, fe ddaw'r nos.

Hedd fel gŵn-nos dlos;
Sêr fel canhwyllau yn ei llaw,
Yn llonydd uwch lonydd
Y byd nad yw, o hyd,
Yn credu mewn hedd.

Ond am ryw hyd
Fy neges atat,
Fel o hyd,
Heno yw
Hedd,
Perffaith hedd,

A mwy hyd yn oed na hedd:
Ei flas ar gig y dannedd:
Tangnefedd.

PAM
(I Pam)

*'I just don't get Welsh – why do they always go on and on
about some girl called Pam?'*

                                                                    – llanc ifanc

Pam, O pam,
Y daw'r ferch 'Pam',
Ar draws y sgwrs,
Fel naid a llam?

Sôn am 'achos' wedyn,
Ai hwn yw ei brawd?
Dyna enw rhyfedd –
Ond i bob enw ei ffawd.

Fel 'Pam', O pam,
A glywaf drwy'r dydd,
A rhywrai yn holi
Amdani. A fydd

Pam yn priodi,
Neu Pam yn fam?
Neu Pam yn poeni
Pawb – fel rhyw Spam!

'Paid wir, a'th holl holi,
A beth yw dy lol,
Pan yw Pam o gwmpas,
Bydd Pan yn llawn brol.

Rhwng Pedr a Pam,
Edrychodd y ddau yn syn,
A dyma nhw'n ateb,
'Pam fod eira yn wyn?'

CYMRO AMDDIFAD

'I was Welsh once.'

– sylw plentyn ifanc mewn lle dan glo

'Ro'n i'n Gymro unwaith.'
Datganiad llac o enau
Llanc uniaith, wrth dynnu'i esgidiau.

'O'r cymoedd, rwy'n credu.'
Penblethodd. Methu tynnu man ei eni,
Fesul esgid, yn rhydd, o'i chlymau.

'Ro'n i'n siarad Cymraeg, siŵr o fod.'
Â'i dafod, taflodd wg a rhegi,
Cyn troednoethu, ar flaen ei fysedd, a chamu

At lopanau, eu gwlân yn gysur oen swci.
Cerddodd ymaith, tristwch dan ei lawes.
Trois innau at ddrws agored. Sodlau'n sodro hanes.

PEN

Mae hyd yn oed unben
Yn mynd i ben,
A diolch wnawn –
Amen.

'Pen' ambell wlad yn cael mynd,
ar ôl iddo fynd â'r wlad
A'i phen iddi.

Pol Pot:
Pen y bydd penglogau
Yn lluniau yn y cof.

Hitler:
Dim ond cefn pennau'r rhai
A aeth ar daith ddihiraeth.

Amin:
Pen mawr oedd ganddo,
Mor chwyddedig â boliau ei bobl.

Saddam:
A'r tortsh yn chwilio am lau
Yn ei wallt.

A Bush?
Beth a ddywedir am ei glopa?
Llywydd bol clawdd.

A 'Yo Blair',
Rhyfelgi wedi colli ei ben,
Wrth gael ei wneud yn 'ben',
Meddyliodd ei fod yn fwy na *Big Ben*,
Ond daw ei amser i ben.
Amen – medde Tony Benn.

Pen pregeth?
Na, i bob pen!
A gredodd ei fod yn ben,
Roedd pen yn amneidio.

Ond mae 'pen' yn ben-noeth
Yn y pen draw,
Penyd a phenydfa
Yw diwedd ein gyrfa.

*

Mae gennym eiriau da yn Gymraeg
I roi pobl yn eu lle,
Y sawl sy â phen mawr,
– ei alw yn ben bach!
Neu'n ben dafad,
Neu'n benbwl;
Neu'n benhaearn,
Neu'n bengoll,
A phenigamp yw'r geiriau:

Penhwyad,
Pen-pali,
Pentewyn.

Dydy 'pen', wrth gwrs, ddim yn rhagfarnu,
Gall fod yn ddyn neu'n ddynes,
Ond un peth sydd yn siŵr
Byddwn oll yn penlinio
Rhyw ddydd
Yn benisel,

Boed ben mawr neu'n ben bach
Boed yn unben neu'n anniben;

Daw'r lli a daw penllanw.

LIBANUS, Y PWLL, 2006

Cŵpons dogni yn ôl,
Roedd fy nhad
Yn weinidog
Yr Efengyl
Yn Libanus,
Y Pwll.
Llanelli – chwinciad dur i ffwrdd,
Yn ddwy filltir, dwy geiniog ar y tram.

Ugain mlynedd wedyn,
Roedd Libanus
Ar y teledu,
Pwll,
Yn ddu a gwyn;
Sawl gweinidog
Yn cyhocddi
Rhagor na'r 'Gair'.

Ugain mlynedd eto,
Hyd at heddiw,
O weinidog i weinidog
A'r 'newyddion da'
Yn lludw du.

Dan geseiliau eu tadau,
Llu o angylion:
Epil ar hap
A'r ddamwain
Oedd eu damnio;

O Libanus
I'r Pwll
Heb waelod yn y byd.

Cŵpons dogni yn ôl,
Fy chwaer mewn ffrog smoc,
Ar wal y Mans
Ochr draw i'r fynwent
Yn gwylio angladd
Ar lan y bedd,
Gan gredu'n ddi-ffael
Mai pobl-wedi-marw
Oedd pob un â hances
Yn sychu dagrau;
Gêm gyfri oedd marw
I'r un bedair oed
Wrth iddi rifo ugain corff
Yn canu 'Dyma gariad'.

Libanus,
Pwll,
Meirwon,
Heb hancesi,
Ar deledu,
Yn llawn lliw.
Eto yn ddu a gwyn,
A sawl gweinidog
Heb y Gair 'da'.

Ac ymhell o'r dwndwr,
Ymhell o Libanus,
Ymhell bell o'r Pwll,
Ymhell o lan y bedd,

Mae un* mewn cwsg perffaith,
Heb ei erfyn,
O dan gysur y goleuni clir.

Ariel Sharon

O DOW I DOW

'Who is this Dow Jones? Is he Welsh?'

                        – awdur o'r Philipinau

Mae'r Duw newydd
Ar deledu:
Y Dow Jones
Sy'n lledu

Y ffordd yn awr,
– ffydd mewn grym,
A'r farchnad stoc
Sy'n troi pob dim

I fyd y ffwtsi.
Nid byd y Gair,
Ond byd o arian,
A byd llawn aur

Y Dow Jones hwn.
Ef yw ein Duw,
Ac mae e'n Gymro
O'r iawn ryw.

Os dowch o hyd iddo,
Codwch eich llaw,
A da fydd eich taith
I'r ochr draw.

Ac yno, mae'r Duw arall
Gyda Dow *senior* – yn y ne'
A'i ffwtsi'n chwarae ffwtbol
– Duw'n chwerthin dros y lle.

CLOC AR Y DŴR

*Cerdd a gomisiynwyd ar gyfcr cloc dŵr yng
Ngŵyl y Gerddi, Glyn Ebwy, 1992.*

Hud yr hylif
Heria'r oriau aneirif,
Yma, yma.

I'r dwfn – llifa asbri,
Dagrau wedi eu cyfri
Yno, yno.

Disgyn a wna'r dynol
– dyheu yn dragwyddol,
Uwchben, uwchben.

Dafn ar ddafn a gronna,
Fel egni'r iaith yng Nghymru:
Pura? Parha? Pery?

GOLAU YN OLAU

Wrth feddwl am y byd yn cynhesu.

'Will the last person in the room
Switch off the lights, please?'

O, fel rwy'n caru'r neges:
A'r cennad dienw
Sy'n mynnu llw oddi wrthyf

Yr af oddi yno gan ddiffodd
Y golau fu'n gyfaill parod,

Ac yn gyfryngydd
Rhwng y sawl a fu

A'r sawl a aeth,
Heb sôn am yr olyniaeth.

Rhyw nodyn rhwng y naill a'r llall,
Ein bod yn deall hanfod düwch

A goleuni. Yn deall hefyd ei sicrwydd;
Hwnnw, y bydd y byd yn treiglo ohono,

Wrth i rywun gamu i'r gofod
Gan droi oerni yn ffwrnes gynnes.

Gydag un bys, gweld geni lamp fechan
Yn fydysawd dan leuad addewid

Ac yna, mor sydyn â'r llygaid yn deffro,
Troedio allan o'r stafell

Gan gofio'r gadwyn eiriol
Wrth imi ddiffodd y golau

Nes i'r lle, mewn chwinciad, nosi.
A dadrithio. A hwyrach mai fel hyn

Y daeth goleuni i'r byd –
I Dduw flino ar ddallineb nes gweiddi

'Goleuni.' A goleuni a fu.

Ond anghofiodd un manylyn bach:
Mor hunanol yw dyn.

A dyna paham y caraf
Y cennad newydd, cariadus

Sy'n fy nwrdio'n dyner gyda:
'A wnaiff y person ola' yn yr ystafell

Ddiffodd y golau
Os gwelwch yn dda?'

A bron nad wyf am adael neges ar fy ôl
Ambell dro,

A sgrifennu – Rhag i Dduw o'i (g)wagle rywbryd
Weiddi 'Tywyllwch, tywyllwch'.

A thywyllwch a fydd.

TAITH BARDD AR LWYBR YR IAITH

*'It's been an odd journey, gathering what Welsh I have . . .
meeting characters who encourage . . . others who, albeit
unintentionally, puncture one's confidence.'*

Paul Henry

i. Yr Ysgol Fach

Diwedd amser chwarae yn yr ysgol fach.

'Plant Cymraeg ar y dde!
Plant Saesneg ar y chwith.'
A dyna lle rown i,
Ddim yn perthyn i'r Cymry
Ond heb berthyn i'r Saeson chwaith.
A doedd yna ddim rhes ar gyfer
Rhai fel fi,
Yr hanner Cymro, hanner Sais.

Dwy iaith,
Dwy res,
Ac eto,
Doedd fy rhes i ddim yn cael y gansen
Mor aml
Â'r Cymry.
Minnau'n meddwl eu bod yn fwy drwg
Na mi,
A minnau am fod mor ddrwg â nhw!

ii. Talgarreg – 'Cwrs y Byd'

Cwrs Cymraeg
Mewn bwthyn bychan
Λ dim ond dwy stafell wely;
Un stafell i'r ddwy ferch,
Ac un ar ddeg dyn yn y stafell arall.

Does dim rhyfedd imi ddeffro un bore
Gyda 'mhen ar ysgwydd gŵr arall!

iii. Mynydd Llan-gors

Cerdded am oriau yno
A theimlo'n drist
Am fod mynydd mor hardd
Heb glywed yr iaith.
Ac eto,
Mae'r iaith yn fy mywyd i
Fel afon fach o dan y ddaear;
Mae hi yno, yn ddiogel.
Ac ambell waith
Daw lan i gwrdd â'r awyr,
Gan chwilio am gwmni.

Ac rwy'n yfed ohoni;
Yfed ei dafnau fel y daw
Yn rhan ohonof
A'm gwneud yn fwy o Gymro,

Fel y medraf gerdded mynydd Llangors
A theimlo'r tir yn las dan fy nhroed
Unwaith eto.

TYNGED YR IAITH

Anseo . . .
All present and correct
Was the first word of Irish I spoke.

Ciaran Carson

'Yma.'
Dyna'r gair
A ddaw yn ôl
Ata i, yn y co' –
Sŵn desgiau'n agor,
Sŵn satsiel yn crafu'r llawr,
Cotiau'n cael eu taflu.

Ond nid 'yma'
Ddwedwn i,
Ond *'yes'* a *'no'*,
Neu'n amlach na pheidio *'don't know'*.

Ac yn dawel bach,
Heb ddweud yr un gair,
Rwy'n cofio meddwl ei bod 'yma',
Heb fod 'yno'.

A thrwy'r amserau,
Rwy wedi amau'r geiriau
Sy'n sôn am fod,
Ac am beidio . . .

Gan ofni y daw haf, rywbryd,
A 'hi' heb fod 'yma'.

RHOWCH IMI WLAD

(ar ôl Selima Hill)

Rhowch imi wlad sy'n ddigon da i'r gwych a'r gwachul;
    i'r sawl sydd wedi cael ei wala, a'r gweddill.
Rhowch imi wlad sy'n brolio y gall siarad o leiaf bum
    iaith a chanddi ddeunaw enw pwrpasol am law.
Rhowch imi wlad nad yw ei hanes yn ei gyrru am hances
    wleb, ac sy'n gallu chwerthin am bob chwyldro a fu
    ac a fethodd.
Rhowch imi wlad sy'n aciw-bigo ei hun yn barhaus yn ei
    hasgwrn cefn, ac sy'n ymladd yn galed yn erbyn
    amnesia ei gorffennol.
Rhowch imi wlad sy'n ddiolchgar am bob Siani Flewog a
    di-flew a gerddodd dros ein letys erioed.
Rhowch imi wlad sy'n rhoi llety i'r aderyn ac yn croesawu
    gwenoliaid o dan ei bondo ac sy'n ffoli ar glywed y
    gwcw bob gwanwyn.
Rhowch imi wlad sy'n caru de a gogledd, gorllewin a
    dwyrain heb edliw y ffaith nad yw'r gororau yn
    ororau – dim ond clawdd.
Rhowch imi wlad sy'n gymydog da ond sy'n gwrthod rhoi
    hawl cynllunio i'r sawl sydd am godi byngalo yn ei
    ardd gefn.
Rhowch imi wlad sy'n rhydd o ganu 'Calon Lân' mewn
    tafarn lawn.
Rhowch imi wlad sy'n credu mewn cau capeli ond yn
    agor eu calonnau i ryw blydi ysbryd . . .
Rhowch imi wlad sydd am herio pob awyren ingol sy'n
    hedfan dros ein pennau ar ei ffordd i Ddwyrain
    Timor, Affganistan, Irac.

Rhowch imi wlad fydd yn newid yr hen genhinen felen ac
      yn arddel y lili wen fach fel prif flodeuyn Cymru.
Rhowch imi wlad fydd yn gwahardd llwyau pren a
      ffedogau y Wisg Gymreig.
Rhowch imi wlad fydd yn meithrin gwleidyddion go iawn
      a llai o feirdd breuddwydiol.
Rhowch imi wlad fydd yn iselhau beirdd o bob gradd.
Rhowch imi wlad lle bydd awen yn yr awyr a'r iaith yn
      llifo o win coch a hwmws.
Rhowch imi wlad . . .
Rhowch imi wlad?
'Duw a'm gwaredo!'
Beth os ydw *i* am roi fy ngwlad yn ôl?

DYSGU CYMRAEG I AWEN
DYLAN THOMAS

Un i wneud hwyl am ei phen
Oedd hi unwaith,
Wrth gael ei gweld
Mewn parc gwag –
Hen ddynes grwca heb ei medru hi.

Ond heddi, nid felly y mae;
Eistedd wrth ei hochr a wnaf,
A dysgu iddi eiriau pwysig –
Ei chael i ddweud ar fy ôl:
Coed, O, rhai cadarn ydynt,
Cedyrn y Cymry;
A dŵr, sbïwch fel y mae dŵr yn treiglo
Y *d-d-d-* yn disgyn, wedi tasgu o bistyll.

Ac yna, dysgaf iddi ddau air –
Trydar ac adar;
Yr adenydd a'r ehedeg;
Ac ni fydd rhai'n gweiddi geiriau cras
Ar ei hôl,
Am y bydd geiriau yn ei genau.

A byddaf fel ceidwad y parc yn mynd tua thre,
Gan wybod nad yw'n ddigartre;
Ac o bell, clywaf hi'n seinio
Dros bob lle:

Coed cadarn,
Cedyrn y Cymry,
Dŵr, ac adar;
A bydd ei geiriau'n ddiferion
O bistyll,
Yn codi fel adenydd sy'n ehedeg.

A bydd ei ffon o hyn allan
Yn pigo dail marw o'r parc
A'u troi yn las,
Fel tafod yr hen wraig grwca yn y parc.

GWYBOD Y TREIGLAD
HEB ADNABOD Y GAIR

'Never learnt to speak Welsh but I know my treiglad trwynols.
I can say I lived ym Mhontypridd.'
– awdur o Sir Benfro

Mor dda yw cael treigladau
I gynnal iaith;
Allwch chi deimlo'n saff
Pan yw'r byd yn mynd â'i ben iddo,
Adeiladau ar fin cwympo –
Hei, rydych chi'n adnabod y sgaffaldiau;
Y rhai sy'n eich codi i'r entrychion,
Bob hyn a hyn.

A phan fydd pob adfail wedi mynd,
A chystrawennau'r iaith wedi eu dileu,
Bydd rhywun yn rhywle yn cofio,
Ie, yn cofio'r
Cofgolofnau
Ar sgwâr yr iaith:
Treiglad meddal,
Treiglad trwynol,
Treiglad llaes, llaes, llaes.

A dyna wych o beth
Fydd cael teithiau archaeolegol
A seinegol;
A bydd rhywun yn traethu
Am Salesbury, druan bach,

A oedd am ddileu treigladau
– Ho, ho, ho.

Treiglo a wna'r blynyddoedd;
Treiglo a wna'r nentydd;
Treiglo a wnaeth yr iaith
Hyd at ei chofgolofnau.

A bydd gwibdeithwyr ar y ffordd adre
Yn cydganu'n gytûn,
Ym Mhontypridd
Ym Miwmaris
Ym, ym, ym . . .

Ac yn cofio –
Gweld colomennod
Ar ben y cofgolofnau,
Yn eu hawlio'n gartrefi,
Rhag eu bod mor llonydd

O'u cymharu â'r prysur *lonydd*.

Nodiadau ar y Cerddi

Codi pontydd **11**

Mae'n gas gen i'r syniad o groesi pont. Roeddwn yn meddwl am y bont yn Lubljiana wrth ysgrifennu hon, lle mae'n arferiad i gusanu'r person cynta' a ddaw ar eich traws ar y bont. Bûm yn cerdded pontydd Amsterdam hefyd am flwyddyn gyfan wrth fyw ar y *Prisengracht*, ac mae yna rywbeth am bont sy'n hudol.

Drysau **15**

Mae'r gair 'cau' yn Gymraeg yn llwythog dros ben ac yn llawn o bethau annymunol, ynghyd ag ambell beth dymunol, fel y llais yn y lifft.

Wchw **26**

Rwy wrth fy modd yn darllen hen lyfrau ar ramadeg, rhai Saesneg gan amlaf. Des i o hyd i'r stori hon, ac mae fy ngolygydd wedi bwrw'r hoelen ar ei phen, siŵr o fod, drwy awgrymu mai'r defnydd a wnawn o 'w' ar ddiwedd popeth oedd yn gyfrifol am yr 'w' olaf: e.e. Dere 'mlaen w. Paid â bod mor dwp w! O, da iawn w.

Enwau **28**

Dyma dalp (fel cnepyn o lo) sydd wedi diflannu o'n hanes ni erbyn heddiw, sef yr enwau a roddwyd ar weithwyr yn y pyllau glo. Darllenais ymchwil Huw Walters ac eraill ar ôl cael comisiwn i ysgrifennu cerdd am lo. Fe welir hon ar ganol sgwâr Tonypandy heddiw. Mae'r enwau yn rhai go iawn – ac eithrio ambell un a luniwyd er mwyn yr odl!

Cerdd *Idiotaidd* o Idiomataidd **29**

Rwy wrth fy modd yn darllen ymadroddion, a meddwl wnes i sut y byddai hi pe baem yn eu troi ben i waered. Dim ond chwarae!

Nodyn am yr awdur

Menna Elfyn yw un o feirdd mwyaf adnabyddus Cymru. Mae'n cael gwahoddiadau cyson i ddarllen ei barddoniaeth dros y byd i gyd, o Sbaen a Phortiwgal i Ogledd a De America – a phob rhan o Gymru, wrth gwrs. Mae hi'n Gyfarwyddwr y Cwrs MA Ysgrifennu Creadigol yng Ngholeg y Drindod. Fe'i gwnaed yn Gymrawd ym Mhrifysgol Cymru, Aberystwyth, ac yng Ngholeg y Drindod, Caerfyrddin. Mae hi'n byw yn Llandysul.

Rhai o gyfrolau yr awdur:

Perffaith Nam (Gwasg Gomer) 2005

Ffŵl yn y Dŵr: Casgliad o Gerddi i Bobl Ifanc (Gwasg Gomer) 1999

Eucalyptus: Detholiad o Gerddi/Selected Poems 1978-1994 (Gwasg Gomer) 1995

Diolchiadau

Carwn ddiolch i Wasg Gomer am ei gofal arbenning a hefyd i Bryan James am olygu'r gwaith gyda brwdfrydedd diflino gan roi cyngor doeth a gwerthfawr bob amser.